BEI GRIN MACHT SICH IHR WISSEN BEZAHLT

- Wir veröffentlichen Ihre Hausarbeit,
  Bachelor- und Masterarbeit

- Ihr eigenes eBook und Buch -
  weltweit in allen wichtigen Shops

- Verdienen Sie an jedem Verkauf

Jetzt bei www.GRIN.com hochladen und kostenlos publizieren

Bibliografische Information der Deutschen Nationalbibliothek:

Die Deutsche Bibliothek verzeichnet diese Publikation in der Deutschen National-
bibliografie; detaillierte bibliografische Daten sind im Internet über http://dnb.d-
nb.de/ abrufbar.

Impressum:

Copyright © 2018 GRIN Verlag
Druck und Bindung: Books on Demand GmbH, Norderstedt Germany
ISBN: 9783668956834

Dieses Buch bei GRIN:

https://www.grin.com/document/476712

Daline Ostermaier

Die Geschichte der Psychologie. Welchen Einfluss hatten unterschiedliche Epochen und Denkrichtungen auf ihre Entwicklung?

GRIN Verlag

GRIN - Your knowledge has value

Der GRIN Verlag publiziert seit 1998 wissenschaftliche Arbeiten von Studenten, Hochschullehrern und anderen Akademikern als eBook und gedrucktes Buch. Die Verlagswebsite www.grin.com ist die ideale Plattform zur Veröffentlichung von Hausarbeiten, Abschlussarbeiten, wissenschaftlichen Aufsätzen, Dissertationen und Fachbüchern.

Besuchen Sie uns im Internet:

http://www.grin.com/

http://www.facebook.com/grincom

http://www.twitter.com/grin_com

Einsendeaufgabe

Die Geschichte der Psychologie

abgegeben am 28.12.2018

SRH Fernhochschule

Modul: Einführung in die Psychologie

Studiengang: Psychologie (B.Sc)

von

Daline Ostermaier

Studiengang: Psychologie (B.Sc)

Inhaltsverzeichnis

3

Abbildungsverzeichnis

Tabellenverzeichnis

Anlagenverzeichnis

1. Entstehung und Entwicklung der Psychologie von der Antike bis zum 20. Jahrhundert

1.1 Die Philosophie der Antike als Ursprung der Psychologie

„Die Psychologie besitzt eine lange Vergangenheit, aber nur eine kurze Geschichte" (Ebbinghaus, 1908)

Dieses Zitat beschreibt die Entwicklung der Psychologie sehr treffend. Denn Überlegungen über die menschliche Psyche gehen zurück bis in die Antike, obwohl diese noch nicht Gegenstand der Psychologie waren. Genauer gesagt verdanken wir erste Theorien über die Seele des Menschen der Philosophie im antiken Griechenland. Zwar verfügten die antiken Philosophen nicht über die modernen Erkenntnisse der heutigen Psychologie, doch versuchten sie durch rationales Denken die Persönlichkeit des Menschen zu erfassen.[1]

Ein bedeutender Philosoph und Lehrer der Antike war zum Beispiel Sokrates. Durch seine einzigartige Methode namens sokratische Fragetechnik, erhielt er den Namen „sprechender" Philosoph. Dieser Prozess ist ebenfalls unter dem Begriff „Hebammenkunst" verbreitet, da es Sokrates möglich war durch seine gezielten Fragestellungen den Gesprächspartner zur eigenen Erkenntnis zu leiten. Somit führt der Dialog zur gezielten Geburt von Wissen.[2]

Heute geht man sogar davon aus, dass in der Hebammenkunst des Sokrates der Ursprung der „Nichtdirektiven Gesprächstherapie", einer wichtigen psychotherapeutischen Methode von Carl Rogers, liegt.[3]

Ausgehend von den Theorien des Sokrates, entwickelte sein Schüler Platon (428/27 v.Chr. – 348/49 v.Chr.) eine eigene Vorstellung über das menschliche Sein. Er ging davon aus, dass die menschliche Seele unsterblich ist und sogar den Tod des Körpers überleben kann. Aus diesem Grund sah der Philosoph die dauerhafte Seele im Gegensatz zum Körper als etwas Göttliches und absolut Vorrangiges an.[4] Des Weiteren spielt die Seele, seiner Meinung nach, die Rolle eines Vermittlers zwischen den Bereichen des Geistigen und Sinnlichen, da sie durch Ihren unzerstörbaren Charakter zugleich an Beidem teilhat und

---

[1] Vgl. Sprung (2010), S. 20
[2] Vgl. Reuter (2014), S. 33
[3] Vgl. Sprung (2010), S. 40
[4] Vgl. Kindler (2016), S. 66-68

ein dynamisches Bindeglied zwischen dem Sein und dem Werden darstellt. Zusammengefasst verleiht die Gegenwart der Seele dem Körper die Lebendigkeit. Der Tod bedeutet im Rückschluss also wiederum die Trennung dieser beiden Instanzen.[5]

Ein wichtiger Aspekt, der in der Geschichte der Psychologie eine zentrale Rolle spielt, ist das „Leib-Seele-Problem". Dieser Begriff wird vor allem mit dem Philosophen Aristoteles (384 v.Chr. – 322 v.Chr.) in Verbindung gebracht, da er sich diesem Thema in seiner Schrift „Peri psyches" als erster zuwendete. Das „Leib-Seele-Problem" beschreibt die Frage nach der Konsistenz der Seele. Damit ist gemeint, ob die Seele aus einer greifbaren Substanz besteht, oder als etwas Unantastbares und Höheres definiert werden muss. Letzteres könnte unsere Vorstellungskraft bei Weitem übertreffen. Heute spricht man von dem Problem des Verhältnisses von qualitativem Erleben und quantitativ messbarer Hirnaktivität. Es stellt ein Mysterium da, das bis heute seine Aktualität nicht verloren hat.[6]

Ähnlich der Überzeugung seines Lehrers Platon, ging Aristoteles davon aus, dass die Seele die Lebenskraft („Entelechie") des Körpers ist. Darüber hinaus ist die Entelechie die Ursache jeder Bewegung und für die Formgebung des „Leibes" verantwortlich. Ebenso beschreibt sie den ursprünglichen Sinn und Zweck, die Zielstrebigkeit eines jeden Lebewesens, sich gemäß dieser ursprünglichen Werte zu verwirklichen. Gleichermaßen Menschen, wie Tiere und Pflanzen unterliegen dieser treibenden Kraft. Aristoteles behauptet sogar, dass selbst die Schönheit und Existenz der Natur ein Produkt des Drangs zur Vollkommenheit ist.[7]

Abbildung 1: Aristoteles
(Quelle: https://www.zitate.eu/author/aristoteles)

Neben seinen Erkenntnissen über die Seele studierte Aristoteles das, seiner Meinung nach, Grundmotiv des Menschen. Es handelt sich um das Streben nach Glück, auch „Eudämonie" genannt, welches in der nikomachischen Ethik behandelt wird. Es besteht ein direkter Zusammenhang zwischen dem Erreichen des Glücks und der Ausübung von menschlichen Tugenden (Aretai). Jene Aretai sind überdies ausschließlich den Menschen vorbehalten, da ihnen die natürliche Vernunft (Logos), als Voraussetzung für tugendhaftes Handeln, angeboren ist. Der Logos unterscheidet uns

---

[5] Vgl. Müsse, Absatz 1
[6] Vgl. Reuter (2014), S. 36-37
[7] Vgl. Weischedel (1995), S. 64

Menschen wiederum von den Tieren und Pflanzen. Entscheidend ist hierbei aber die Mesoteslehre, sozusagen das Finden der „goldenen Mitte". Das heißt, dass menschliche Eigenschaften nur im richtigen Maß als Tugenden definiert werden können.[8]

Mangel	Tugend	Übermaß
geizig	großzügig	verschwenderisch
feige	mutig	übermütig
unsicher	selbstbewusst	arrogant

Tabelle 1: Beispiele für die Mesoteslehre des Aristoteles (eigene Darstellung)

1.2 Die Rolle des Glaubens im Mittelalter

Im Mittelalter trägt vor allem die Scholastik im christlichen Europa zur Entwicklung neuer Denkformen bei, die für die Psychologie von Bedeutung sind. Vorbilder der wichtigsten Scholastiker, wie z.b. Thomas von Aquin oder Johannes Duns Scotus, sind die bedeutenden Philosophen der Antike, besonders Aristoteles.

Deshalb ist es erforderlich zunächst auf die Leistung arabischer Wissenschaftler und Philosophen aus dem 9. bis 12. Jahrhundert einzugehen. Diese besteht nämlich in erster Linie aus der Bewahrung und Vermittlung des Wissens aus der antiken Psychologie, welches in der Spätantike überwiegend vernichtet wurde. Charakteristisch für die Wissenschaft der arabischen Kalifaten und Emiraten war die enorme Toleranz gegenüber verschiedenster Quellen aus aller Welt. Die Folge war die Entstehung einer objektiven Sammlung breitgefächerten Wissens. Bagdad und Cordoba zählen außerdem zu den wesentlichen Zentren der islamischen Blüte.[9] Bedeutende Beiträge lieferten unter anderem die Denkschule „Mu'tazila", sowie die Philosophen Avicenna und Averroes oder der Physiker Alhazen.[10]

Die Scholastik entnahm ihr Wissen also größtenteils aus den Werken der arabischen Kalifaten und Emiraten. Sie zeichnet sich durch die Verwissenschaftlichung der Theologie aus. Die dabei beteiligten Kirchenphilosophen, wie Thomas von Aquino (1225-1274), dienten stets dem Christentum, sodass die Vernunft dem Glauben untergeordnet war. Da die Theorien des Aristoteles und die Theologie zunächst unvereinbar schienen,

---

[8] Vgl. Reuter (2014), S. 38-39
[9] Vgl. Sprung (2010), S. 59
[10] Vgl. Reuter (2014), S. 50-51

entwickelten sich zunehmend Konflikte und Meinungsverschiedenheiten. Man fürchtete zuletzt sogar eine geistige Revolution. Thomas von Aquinos wichtigste Aufgabe lag demzufolge darin die zueinander widersprüchlichen Weltsichten zu verschmelzen. Mit seinem Werk „Summa theologiae" löst er das Problem zum Teil..[11] Des Weiteren vermutet der Philosoph die Einheit von Seele und Leib und interpretiert somit das Leib-Seele-Problem des Aristoteles auf neue Weise. Die Seele ist zwar wertvoller als der Körper, doch ist die Vereinigung der beiden Teile aufgrund der Vollständigkeit am ehrwürdigsten.[12]

Der Scholastiker Johannes Duns Scotus (1265/1266-1308) beschäftigte sich wiederum überwiegend mit dem persönlichen Wollen und Wirken. Er grenzt den göttlichen Willen, welcher durchgehend gut und vollkommen ist, von dem menschlichen Willen ab. Dabei ist ihm von Bedeutung, dass Gottes Wille, die Schöpfung, ein freiwilliger und gnadenvoller Akt ist. Im Gegensatz zum menschlichen Willen kann der göttliche auch von äußeren Einflüssen niemals gelenkt werden.[13]

1.3 Martin Luther und die Auswirkungen der Reformation

Martin Luther (1483-1546) leitete bedeutende Schritte ein, die zur Teilung des Christentums führten, und spielt aufgrund seiner revolutionären Handlungen und Denkweisen nicht nur in der Theologie, sondern auch in der Psychologie eine wichtige Rolle. Grundlegend kritisierte der Theologe die Stellung der priesterlichen Obrigkeit als Vermittler zwischen der Bibel und dem gläubigen Volk. Besonders Finanzierungen kirchlicher Angelegenheiten, z.B. der Bau des Petersdoms mithilfe des Ablasshandels, waren Auslöser für die Veröffentlichung der 95 Thesen. Des Weiteren war Luther davon überzeugt, dass das eigenständige Lesen der Bibel höchste Priorität besitzen sollte. Mit der Übersetzung der Bibel in die deutsche Sprache leistete er dafür in Deutschland einen bedeutenden Beitrag, welcher ebenfalls durch die Erfindung des Buchdrucks durch Gutenberg verstärkt wurde. Somit versteht man Martin Luther als Begründer des autonomen Individuums, da er den Menschen den direkten und persönlichen Kontakt zu Gott zu ermöglichen versuchte.[14] Dazu betrachtete er die Schrift als alleinige autoritäre Instanz. Interessant ist ebenfalls die Philosophiefeindlichkeit Martin Luthers, welche sich beispielsweise auf die Werke von Johannes Duns Scotus und der Scholastik im Allgemeinen bezieht. Er bestritt

---

[11] Vgl. Weischedel (1995), S. 110-111
[12] Vgl. Schönberger (1998), S. 105-106
[13] Vgl. Dettloff (1981), S.235-236
[14] Vgl. Reuter (2014), S. 59-60

in diesem Zusammenhang teils den Nutzen von Logik und Metaphysik für die Theologie. Die menschliche Vernunft sieht er jedoch als von gottgegebenes Gut an, welches allein für irdische Belange nützlich und sogar unabdingbar ist.[15]

Weiterführende Überlegungen stellte der französische Philosoph Rene Descartes (1596-1650) an. Neben seinem berühmten Zitat „Ich denke, also bin ich." vertrat er völlig neue Ansichten über das Leib-Seele-Problem, das in der Geschichte der Philosophie immer wieder von Bedeutung zu sein scheint. Er geht von einer strengen Trennung von Körper (res extensa) und Geist (res cogitas) aus.[16] Dieser sogenannte kartesische Dualismus sagt außerdem aus, dass der Geist das Subjekt der Erkenntnis ist, während die materielle Welt, insbesondere der Körper, eine Art Maschine darstellt. Diese „Maschine" wird vom menschlichen Willen angetrieben und bedient. Der Geist des Menschen beherrscht demnach den Körper.[17]

1.4   Von der Aufklärung über die Romantik

Die Aufklärung des 18. Jahrhunderts war ein Zeitalter der Wissenschaften, geprägt vom Vernunftbegriff Immanuel Kants. Hierbei zählt die Natur als zentrales Erforschungsgebiet. Die wichtigsten Wissenschaftler und Philosophen für die Psychologie in dieser Zeit waren zum Beispiel der Dichter Johann Wolfgang von Goethe, welcher sich neben der Lyrik ebenso mit Mineralogie beschäftigte oder der Schriftsteller Karl Phillip Moritz. Er gründete eine Zeitschrift über die „Erfahrungsseelenkunde" namens „Gno thi s' auton".[18]

Die nüchterne, vernunftbetonte Haltung der Aufklärung begann sich am Ende des 18. Jahrhunderts in eine entgegengesetzte Richtung zu bewegen. Themen wie Liebe, Sehnsucht, Religion oder Transzendenz, welche bisher in den Hintergrund gedrängt wurden, spielten plötzlich eine immer größere Rolle. Grundlegend für die zu diesem Zeitpunkt entstehende Romantik war ebenfalls der Glaube über eine beseelte Natur, sowie die Theorie, dass das seelische Erleben jeden Menschen definiert. So thematisierten verschiedenste Vertreter dieser Epoche die Psychologie in ihren Werken. Künstler beschäftigten sich vor allem mit den Seelenzuständen, während zeitgenössische Schriftsteller

---

[15] Vgl. Brosseder (1981), S. 308-309
[16] Vgl. Reuter (2014), S. 73
[17] Vgl. Jacoby (2003), S. 119-120
[18] Vgl. Reuter (2014), S. 84-85

sich eher den dunklen Seiten der Seele zuwendeten. Komponisten, wie beispielsweise Franz Schubert, verwandelten emotionale Zustände in ihren Stücken zu Musik.[19]

Schubert versuchte mit Hilfe seiner Stücke eine Möglichkeit zu schaffen, seelische Zustände direkt mit den übertragenen Emotionen zu erleben. Ebenso war ihm dabei die einfache Erfahrbarkeit der beseelten Natur von Bedeutung. Franz Schubert komponierte häufig Vertonungen von teils zeitgenössischen Gedichten und verstärkte somit die emotionale und kognitive Wirkung der Werke auf den Leser, bzw. Zuhörer. Denn Musik kann im Gegensatz zur Lyrik direkt wahrgenommen werden. Besonders beliebt ist das Beispiel der Vertonung des Gedichts „Die Forelle". Schubert stellte mit seinem Stück eine Verbindung zur beseelten Natur da, indem er die Forelle als Teil dieser Natur definierte. Ziel seiner Arbeiten war auch das Verbreiten des romantischen Lebensgefühls.[20]

1.5   Strömungen und Denkschulen im 19. und 20. Jahrhundert

Die zweite Hälfte des 19. Jahrhunderts ist geprägt von revolutionären Entdeckungen und Fortschritten. Die daraus folgende industrielle Revolution erfasste die gesamte Gesellschafft. Technische Erkenntnisse entwickelten sich rasend schnell, Erfindungen wie die Dampfmaschine und die Eisenbahn veränderten schlagartig das vorhandene Weltbild.[21] Das materialistische Zeitalter forderte neue Techniken und Methoden, welche z.B. in der Psychologie an die „klassischen" Naturwissenschaften, wie der Physik, Chemie und Biologie angelehnt waren. Ziel war dabei die systematische Erkenntnis von Gesetzmäßigkeiten und Zusammenhängen, welche stets allgemeingültig sein sollten.[22]

Ein Beispiel hierfür ist die Begründung der Psychophysik durch Gustav Theodor Fechner, welcher mit der Bezeichnung Psychophysik die möglichst große Orientierung an der Physik als Naturwissenschaft verdeutlicht. Eine wichtige Leistung Fechners ist das Auffinden des Naturgesetzes für die menschliche Wahrnehmungsleistung. Das sogenannte „Weber-Fechnersche" Gesetz beschreibt das Maß an Empfindungen, wobei die Empfindungsstärke (E) dem Logarithmus der Reizstäke (R) entspricht. Also:

$$E = k \times \log R$$

$$k = \frac{\Delta I}{I}$$

---

[19] Vgl. Reuter (2014), S. 84-85, S. 125
[20] Vgl. Reuter (2014), S. 103-104
[21] Vgl. Reuter (2014), S. 128
[22] Vgl. Mühlfelder (2017), S. 14

Hierbei ist außerdem die Konstante k zu beachten, welche sich mit Hilfe des Standartrei-
zes I und der zusätzlichen Intensität ΔI ermitteln lässt.[23]

Eine weitere wichtige Persönlichkeit in der Geschichte der Psychologie ist der Wissenschaftler Wilhelm Maximilian Wundt (1832-1820), welcher eine enorme Wende in der
Psychologie auslöste. Einerseits schuf Wundt mit seinem Werk „Grundzüge der physiologischen Psychologie" die Experimentalpsycholgie als eigenständigen Fachbereich. An-
dererseits gründete er 1879 das erste psychologische Institut der Welt („Institut für experimentelle Psychologie") an der Universität Leipzig. Zunächst noch privat finanziert
und eingerichtet, fand das Institut 1883/84 seine staatliche Anerkennung und wurde rasch
zu einem Weltzentrum experimentalpsychologischer Forschung.[24]

Im Verlauf des 19. und 20. Jahrhunderts bildeten sich außerdem viele verschiedene, meist
parallel existierende, psychologische Richtungen. Sogenannte Schulen. Dabei war es üb-
lich, dass die Schüler wiederum neue Richtungen einschlugen.[25] Daraus ergaben sich neben der „Leipziger Schule" eine Vielzahl verschiedenster Entwicklungen, wie z.B. die
„Würzburger Schule" unter Oswald Külpe, welche das Hauptaugenmerk auf die experimentelle Erforschung „höherer geistiger Funktionen" legte.[26] Ebenso etablierte sich die
„Gestaltpsychologie". Sie wird der „Frankfurter-Berliner Schule" zugeordnet. Zu den
wichtigsten Vertretern zählen Max Wertheimer, Kurt Koffka und Wolfgang Köhler. Eine
der Leistungen dieser Schule war zum Beispiel die Erarbeitung der „Gestaltgesetze".[27]

Zum Thema Entwicklung und Persönlichkeit gründete sich im 20. Jahrhundert der Beha-
viorismus als eine Richtung, welche die Psychologie als vollkommen objektiven, experi-
mentellen Zweig der Naturwissenschaften interpretiert. Laut ihres Gründers John B.
Watson war das Ziel dieser Denkschule die Vorhersage und Kontrolle von Verhalten.
Eine wichtige Aussage ist außerdem, dass sich jegliches Verhalten in Reiz-Reaktions-
Einheiten einteilen lässt.[28]

---

[23] Vgl. Lück (2013), S. 55, S. 58
[24] Vgl. Meischner (1999), S.35
[25] Vgl. Lück (2013), S.63
[26] Vgl. Mack (1999), S. 50
[27] Vgl. Reuter (2014), S. 145-146
[28] Vgl. Schorr (1999), S. 113

Eine etwas entgegengesetzte Meinung vertritt der Wiener Arzt Sigmund Freud (1856-1939). Er behauptete, dass das menschliche Verhalten nicht immer rational erklärbar und vorhersehbar ist, wie es die Behavioristen angenommen haben. Freud entwickelte stattdessen die Theorie, dass bestimmte Handlungen von Motiven gesteuert werden können, die dem Bewusstsein nicht zugänglich sind.[29] Davon ausgehend unterteilte er das menschliche Seelenleben in verschiedene Instanzen: Das Unbewusste, das Vorbewusste und das Bewusste und erkannte diesbezüglich zwei gleichbedeutenden Triebe.

Abbildung 2: Sigmund Freud
(Quelle: https://de.wikipe-dia.org/wiki/Sigmund_Freud)

Die Libido, welche die Lust und die Befriedigung selbst umfasst, aber auch den Todestrieb, Thanatos, aus welchem die Aggressionen entstammen.[30]

Des Weiteren gilt Sigmund Freud als der Gründer der Psychoanalyse. An erster Stelle als eine Theorie über menschliches Verhalten und Erleben zu verstehen, aber auch als eine Methode zur Erforschung psychischer Prozesse oder sogar zur Behandlung psychischer Störungen.[31]

Eine weitere Perspektive bildet die humanistische. Die Vertreter lehnen die Ansichten des Behaviorismus und Sigmund Freuds ab. Es wurde angenommen, dass das Streben nach positiver Entwicklung Hauptbestandteil des menschlichen Lebens ist. Geistige Weiterentwicklung und Gesundheit sind laut Carl Rogers (1902-1987) natürliche Tendenzen. Abraham Maslow (1908-1970) prägte den Begriff „self-actualization" (Selbstverwirklichung). Ein weiterer wichtiger Einfluss für das menschliche Verhalten ist außerdem die Umwelt, also verschiedene soziale und kulturelle Faktoren.[32]

Neben den bisher genannten Denkrichtungen gab es noch viele weitere, parallel existierende Perspektiven, sodass hier nur eine Auswahl der wichtigsten aufgezählt ist.

---

[29] Vgl. Gerrig (2015), S. 13
[30] Vgl. Federn (1999), S. 141-144
[31] Vgl. Lück (2013), S 108, S. 111
[32] Vgl. Gerrig (2015), S.14

2. Wilhelm Wundt und die Entstehung der Psychologie als eigenständige Wissenschaft

2.1 Zur Biografie Wilhelm Wundts

Wilhelm Maximilian Wundt, ein Pfarrerssohn, wurde im Jahr 1832 in Neckarau geboren und war eine Person mit breitgefächertem Wissen. Nach dem Abitur begann Wundt zunächst Medizin in Tübingen zu studieren, da ihn der enorme wissenschaftliche Aufschwung der Zeit begeisterte. Allerdings widmete er sich neben seinem ursprünglichen Studienfach ebenfalls dem Verhalten der Nerven und der Habilitation in Physiologie. Darüber hinaus empfand Wundt die Notwendigkeit die Psychologie vor dem Hintergrund der philosophischen Traditionen zu betrachten und sie auch in die Geistes- und Sozialwissenschaften einzugliedern. Damit vertrat Wilhelm Wundt eine liberale Grundhaltung eines selbstbewussten Bürgertums, welches sich gegen die Zurückhaltung des Biedermeiers und die monarchistische Unterwerfung stellt.

1858 wurde er als Assistent am Institut für Physiologie nach Heidelberg berufen und mit 32 Jahren Abgeordneter in der Zweiten Kammer des Badischen Landtags für die Universitätsstadt Heidelberg. Nachdem Wilhelm Wundt eine kurze Zeit an der Universität in Zürich verbrachte, beginnt im Jahre 1875 schließlich sein Wirken In Leipzig, wo er bis zu seinem Lebensende verweilte. 1883 gründete er außerdem die Zeitschrift „Philosophische Studien", in welcher die Arbeiten seiner Kollegen und ihm veröffentlicht wurden. Hierbei wird auch die Selbsteinschätzung Wundts als Philosoph sehr deutlich.[33]

2.2 Die Gründung des ersten psychologischen Labors

Schon früh hatte Wilhelm Wundt das Ziel vor Augen die Psychologie in eine eigenständige Wissenschaft zu wandeln, indem er bei seiner Forschung nach dem Vorbild der klassischen Naturwissenschaften vorging. Mit seinem Werk „Grundzüge der physiologischen Psychologie" (1874/75) gelingt es ihm die Experimentalpsychologie als eigenständigen Fachbereich abzugrenzen. Als wohl wichtigstes Ereignis im Leben Wundts wird die Begründung des ersten Instituts für experimentelle Psychologie im Jahre 1879 an der Universität Leipzig gesehen. Das erste psychologische Institut auf der Welt wurde ehrenhafterweise von Wilhelm Wundt zunächst mit eigenen Mitteln eingerichtet und finanziert.

---

[33] Vgl. Reuter (2014), S. 137-138; Lück (2010), S. 65-66

Denn erst im Jahre 1883/84 erlangt das Institut die staatliche Anerkennung und wird rasch zu einem weltbekannten Zentrum für experimentalpsychologische Forschung.[34]

Wundt vertrat die Auffassung, dass die Psychologie nur zu durchdringen war, wenn direkte Erfahrungen von Sinneseindrücken zu messen sind. Um diese allgemeingültigen, auf Messung basierten Erkenntnisse zu erzielen, entwickelte er gemeinsam mit seinen Kollegen eine ganze Reihe an Geräten. Sie konnten schließlich vom Mechaniker

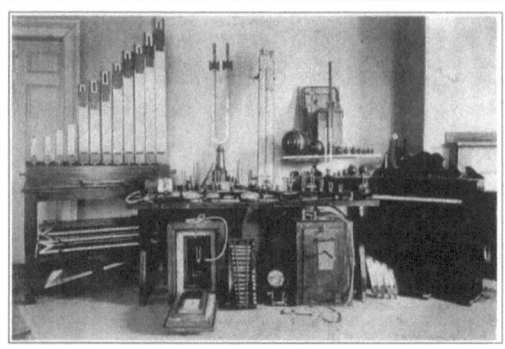

Abbildung 3: Messinstrumente des ersten psychologischen Labors in Leipzig
(Quelle: http://vlp.mpiwg-berlin.mpg.de/sites/data?id=sit54)

Emil Zimmermann umgesetzt werden. Neben der Anwendung dieser neuen Werkzeuge setzte Wundt ebenfalls auf die instruierte und kontrollierte Selbstbeobachtung, welche er als wichtigen Bestandteil der experimentellen Psychologie ansah.[35]

Letztendlich wird der Gründung des ersten psychologischen Instituts und der daraus hervorgegangenen Leipziger Schule eine gewaltige Bedeutung zugemessen. „Sie hat eine Methodenlehre begünstigt; sie hat Experiment, Statistik und Geschichte in die Psychologie zu integrieren versucht und sie hat faktisch über zahlreiche Schüler den Aufstieg der empirischen Forschung in der Psychologie herbeigeführt." (Lück, 2010, S. 74-75)

2.3 Die Bildung der ersten Schulen und die Verbreitung der modernen Psychologie

Gefolgt von der Leipziger Schule unter Wilhelm Wundt, bildeten sich nach und nach immer mehr Denkrichtungen, die die Gründung der verschiedenen Schulen hervorgerufen hatten. Die Entstehung der Schulen im 19. und 20. Jahrhundert ist vergleichbar mit einer unaufhaltsamen Kettenreaktion. Sogar die eigenen Schüler Wundts wandten sich neuen Themen zu und grenzten sich unter Umständen von ihrem Lehrer ab. So

---

[34] Vgl. Meischner (1999), S. 35-36
[35] Vgl. Lück (2010), S. 67-68

entwickelte sich rasch eine ganze Bandbreite an verschiedenen Denkschulen, die teilweise parallel existierten.[36]

Wilhelm Wundts Leipziger Schule ist dabei vergleichbar mit dem ersten Stein einer Dominoreihe. Die Auswirkungen seiner Lehre reichen bis in die heutige Zeit. So ist er nicht nur für die Weiterentwicklung seiner eigenen Schüler verantwortlich, sondern indirekt sogar für weitreichendere Entwicklungen außerhalb Europas.[37]

Oswald Külpe (1862-1915), ein Schüler und Assistent Wundts, welcher beispielsweise der Würzburger Schule zugeordnet wird, empfand die Ansichten seines Lehrers als veränderungswürdig und wurde deshalb ein Anhänger Franz Brentanos (1838-1917). Sein Hauptaugenmerk lag auf der Denkpsychologie, also auf der Selbsterfahrung des Denkens unter nachprüfbaren Bedingungen. Aber auch die Kritik an der Zerlegung psychischen Geschehens, war sein Anliegen.[38]

Mit Max Wertheimer, welcher wiederum ein Schüler Oswald Külpes war, setzt sich das Muster der Schulenbildung fort. Aus der Zusammenarbeit mit den Psychologen Kurt Koffka und Wolfgang Köhler geht die Gestaltpsychologie hervor, eine weitere wichtige Erkenntnis der Psychologie. Auch in der heutigen Zeit ist die Verwendung dieser Erkenntnisse, vor allem im Design, sehr verbreitet. Des Weiteren kehren sich die Anhänger der sogenannten Frankfurter/Berliner Schule vom elementaristischen Denken Wundts ab und vertreten eher eine ganzheitliche (holistische) Ansicht.[39]

Ein Psychologe, dessen Leistungen häufig unterschätzt werden, ist Kurt Lewin. Da er sich teilweise von den Arbeiten der oben genannten Gestaltpsychologen prägen lies, wird er gerne der Berliner Schule zugeordnet. Besondere Leistungen sind z.B. die Veröffentlichung entwicklungs- und erziehungspsychologischer Untersuchungen oder die damit verbundene Mitbegründung der Sozialpsychologie. Neben willenspsychologischen Fragestellungen unter gestaltpsychologischer Perspektive beschäftigte sich Lewin vor allem mit der Entwicklung der Feldtheorie.[40] Dabei wird die Interaktion zwischen Individuum und Umwelt oder verschiedener Individuen thematisiert. Mit Hilfe der Vektorrechnung und der Geometrie versuchte Lewin Vorhersagen über das Verhalten zu treffen. Parallel

---

[36] Vgl. Lück (2010), S. 63-64; Reuter (2014), S. 134
[37] Vgl. Lück (2010), S. 73
[38] Vgl. Reuter (2014), S. 140
[39] Vgl. Lück (2010), S. 80-81
[40] Vgl. Lück (1999), S. 90-91

dazu betrachtet er den verhaltenswirksamen, subjektiven Raum und erarbeitete daraus folgende Gleichung.[41]

$$V = f(P,U)$$

„Der Lebensraum („life-space") besteht aus Regionen, Grenzen, aus als Vektoren dar-zustellenden Kräften sowie dem Aufforderungscharakter und den Bedürfnissen der in ihm handelnden Personen. Entsprechend ist das Verhalten (V) eine Funktion aus Person (P) und Umwelt (U)." (Reuter, 2014, S. 147)

Neben Entwicklungen im Bereich der Wahrnehmung und Gestalt, beruhen ebenso Er-kenntnisse über die Entwicklung und Persönlichkeit auf den Leistungen der ersten Schulen. Ein Beispiel hierfür ist der Behaviorismus, eine Denkrichtung die sich durch radikale Überzeugungen auszeichnet. Nicht das Bewusstsein ist der zentrale For-schungsgegenstand, sondern vielmehr das Verhalten. Der Behaviorismus, in dessen Na-men der Fokus des Verhaltens schon mit inbegriffen ist, wurde von John B. Watson ge-gründet. Dieses Forschungsprogramm ist zum Teil auf die Bewußtseinspsychologie in der Tradition Wilhelm Wundts zurückzuführen, womit wiederum das breite Wirkungs-gebiet Wundts verdeutlicht wird.[42]

Durch den Nationalsozialismus in Deutschland, welcher unter anderem das „Gesetz zur Wiederherstellung des Berufsbeamtentums" hervorgerufen hatte, waren viele jüdische Wissenschaftler zur Emigration gezwungen, da zum Beispiel jüdische Professoren ihre Ämter verloren und eine weitere Verfolgung fürchteten. Viele der wichtigen Psycholo-gen flohen nach Amerika, sodass die Ansichten, welche sich seit der Gründung des ers-ten psychologischen Instituts in Europa entwickelt haben, ebenso in den USA Anerken-nung gewannen.[43]

Aber nicht nur in den USA wurden die modernen psychologischen Erkenntnisse ver-breitet, auch die russische Schule verdeutlicht wie weit der Einfluss Wilhelm Wundts und seiner Schüler ausstrahlte.

---

[41] Vgl. Reuter (2014), S. 147
[42] Vgl. Schorr (1999), S. 113
[43] Vgl. Reuter (2014), S. 148

3. Der Einfluss der Romantik auf die Psychologie

3.1 Auseinandersetzung mit der Psyche auf romantische Weise

Die verstandesorientierte Aufklärung wurde am Anfang des 19. Jahrhunderts von den Sehnsüchten der Natur, der Transzendenz, der Liebe und im allgemeinen des Innenlebens der Menschen abgelöst. Während die nüchterne Haltung der Aufklärung rationale Lösungswege in der Forschung anzustreben versuchte, wandten sich die Romantiker von dieser Methode bewusst ab. Sie forschten mit Mitteln, die jegliche Grenzen der Naturwissenschaften überschritten.

Das allgemeine Welt- und Menschenbild war hauptsächlich geprägt durch die Annahme von der Beseeltheit der Natur mit dem Menschen als Teilhaber. Mit den Mitteln der Kunst, der Musik und Literatur versuchte man psychologische Aspekte zu untersuchen und erbrachte dabei einen bedeutenden Beitrag für die Entwicklung der Psychologie.[44]

Die Musik spielte für die romantische Auseinandersetzung mit der Psyche eine wichtige Rolle, da sie eine direkte emotionale Erfahrbarkeit seelischer Zustände ermöglichte. Franz Schubert machte sich dies von Nutzen, indem er versuchte die Beseeltheit der Natur und daraus resultierende seelische Zustände in seine Musikstücke zu übersetzen. Seine Zuhörer sollten die Natur in eingängigen Formen nachempfinden können. Man versteht Schubert heute als einen Experten für musikalische Wirkung, vor allem weil es ihm tatsächlich gelang das romantische Lebensgefühl optimal zu vermitteln.[45]

Neben den positiven Aspekten der Romantik beschäftigte man sich ebenfalls ausgiebig mit den „Schattenseiten der Seele". Bizarrer Humor und Ironie durchzogen die Werke der Romantiker. Um an Erkenntnisse zu gelangen testeten die Künstler und Musiker das Überschreiten von Grenzen mithilfe der Selbsterfahrung aus und erarbeiteten durch genaue Beobachtung innerer Zustände genaue phänomenologische Beschreibungen des Innenlebens. Man eröffnete eine neue Sichtweise auf die Methoden der Forschung und beleuchtete außerdem einen neuen Teilbereich der Seelenkunde, den Wahnsinn.[46]

---

[44] Vgl. Reuter (2014), S. 102
[45] Vgl. Reuter (2014), S. 103-104
[46] Vgl. Reuter (2014), S. 124

3.2 Zur Person Heinrich Kleists

Über Heinrich von Kleist (1777-1811) ist im Allgemeinen neben seiner Herkunft nicht viel bekannt und seine Biografie durch und durch lückenbehaftet. Er stammte aus einer adeligen Familie, welche dem preußischem König militärisch gedient hatte. Kleist ist allerdings einer der wichtigsten Persönlichkeiten, wenn man sich mit der romantischen Psychologie beschäftigt. Der Grund hierfür sind allerdings jene Werke, die von ihm selbst als nebensächlich eingestuft wurden. Während Kleist als Schriftsteller und Dichter bekannt war, interessierte er sich in hohem Maße für psychologische Aspekte. Ein Beispiel hierfür ist die Wertschätzung der Sprache und des Denkens, welche er in seinem Werk „Über die allmähliche Verfertigung der Gedanken beim Reden" erläutert. Heinrich von Kleist ging also davon aus, dass Gedanken teilweise erst beim kommunikativen Sprechen entstehen. Daraus schließt er des Weiteren, dass eine Wechselwirkung zwischen dem Denken und der Sprache stattfindet. Ganz deutlich wird die Bedeutung dieser Erkenntnis, wenn man die Methode der Gesprächstherapie bzw. Psychotherapie bedenkt: „Das eigentliche Phänomen eines psychotherapeutischen Prozesses ist die kognitive und gefühlsmäßige Umstrukturierung der dysfunktionalen Einschätzungen." (Reuter, 2014, S.122)[47]

Abbildung 4: Heinrich von Kleist
(Quelle: https://de.wikipe-
dia.org/wiki/Heinrich_von_Kleist)

3.3 Die Gedankengänge Heinrich von Kleists am Beispiel des Marionetten-theaters

Das Werk „Über das Marionettentheater" von Heinrich von Kleist ist eine im Jahr 1810 zu verordnende, essayhafte Erzählung. Der Aufsatz gleicht einem poetischen Protokoll, welches die Gedankengänge eines Gesprächs zwischen dem Ich-Erzähler und einem Marionettenspieler, Herr C., festhält und erläutert. Der Fokus des Gesprächs liegt hierbei auf dem Zustandekommen von Bewegungsgestalt und auf der Rolle der Seele bei einer vollkommenen Gestalt. Diese, für das heutige Verständnis, Thematik über Gestaltpsychologie, wird am Beispiel der Marionetten aufgearbeitet. Zunächst erklärt der Tanzvirtuose das Wesen der Marionetten und die Art und Weise, wie die ästhetischen Bewegungen zu

---

[47] Vgl. Reuter (2014), S. 120-122

19

Stande kommen. Dabei wird besonders auf die Vorteile der leblosen Puppen im Gegensatz zu einem menschlichen Körper eingegangen.[48]

„Jede Bewegung, sagte er, hätte einen Schwerpunkt; es wäre genug, diesen, in dem Innern der Figur, zu regieren; die Glieder, welche nichts als Pendel wären, folgten, ohne irgend ein Zutun, auf eine mechanische Weise von selbst. "

(Kleist, 1810, Absatz 9)

Das bedeutet auch, dass die Summe der einzelnen Bewegungen, die die Glieder der Puppe ausführen, nur durch ein suprasummatives Phänomen hervorgerufen wird und somit die Gesamtgestalt bildet. Nicht jedes Glied wird einzeln bewegt, sondern der Schwerpunkt ist die Quelle aller Bewegungen. Des Weiteren ist eine leblose Puppe nicht in der Lage „Ziererei" (d.h. ein künstlich hervorgerufenes Verhalten) zu betreiben, da dies nur geschieht, wenn sich die Seele nicht im Schwerpunkt der Bewegung befindet. [49]

Die gravierenden Auswirkungen der „Ziererei" greift der Ich-Erzähler in einer Geschichte aus seiner Vergangenheit auf. Das Gespräch wird mit einer Erzählung über einen Jüngling ergänzt. Dieser beobachtet zufällig, wie eine alltägliche Handlung (das Abtrocknen seines Fußes) eine Haltung hervorbringt, welche der berühmten Skulptur „der Dornauszieher", gleicht. Um die Ähnlichkeit seinem Gegenüber zu beweisen, versucht er die durch Zufall entstandene Pose zu wiederholen. Doch durch die beabsichtige Einnahme der Haltung, gelingt es dem Jüngling nichtmehr sie genauso einzunehmen, wie das erste Mal. Kleist beschreibt eine von diesem Tag an beginnende Entwicklung, die den Jungen von Grund auf verändert. Stundenlang beobachtet er sich im Spiegel und verliert dadurch jegliche Grazie. Nach einem Jahr schon soll von der Lieblichkeit seines Charakters nichts mehr übrig geblieben sein. Die Gesprächspartner gehen davon aus, dass die Bewusstheit und Reflexion, welche automatisch zur „Ziererei" und Eitelkeit führen, die Ursachen für die drastische Veränderung sind. Der Jüngling verliert seine Unschuld und kann den Zustand des unbewusst Vollkommenen nichtmehr herstellen.[50]

Der Marionettenspieler bringt daraufhin ein weiteres Beispiel ein. Er erzählt von seiner Reise nach Russland, bei der es zu einem freundschaftlichen Fechtduell mit einem der Söhne eines livländischen Edelmanns kommt. Herr C. ist dem Kontrahent allerdings

---

[48] Vgl. Reuter (2014), S. 114, S. 119
[49] Vgl. Reuter (2014), S. 115
[50] Vgl. Kleist (1810), Absatz 39

überlegen und besiegt ihn, woraufhin die Söhne des Edelmanns ihm einen Kampf mit dem Bären, der auf dem Hof aufgewachsen ist, anbieten. Erstaunlicherweise gelingt es dem Bären jeden Stoß erfolgreich abzuwehren und sich bei vorgetäuschten Angriffen nicht aus der Ruhe bringen zu lassen. [51]

Was den Bären vom Fechter abhebt, ist die Fähigkeit die eigenen Handlungen nicht reflektieren zu müssen, sodass es ihm möglich ist einen kognitiven Zustand zu erzeugen, welcher eine neue Ganzheit des Bewusstseins darstellt. [52]

Die Gesprächspartner kommen schließlich zu einem Fazit, welches die Abhängigkeit der „Grazie" von der Reflexion schildert:

> *„Wir sehen, daß in dem Maße, als, in der organischen Welt, die Reflexion dunkler und schwächer wird, die Grazie darin immer strahlender und herrschender hervortritt.- Doch so, wie sich der Durchschnitt zweier Linien, auf der einen Seite eines Punktes, nach dem Durchgang durch das Unendliche entfernt hat, plötzlich wieder auf der andere Seite einfindet [...]: so findet sich auch, wenn die Erkenntnis gleichsam durch ein Unendliches gegangen ist, die Grazie wieder ein; so daß sie, zu gleicher Zeit, in demjenigen menschlichen Körperbau am reinsten erscheint, der entweder gar keins, oder ein unendliches Bewußtsein hat, d.h. in dem Gliedermann, oder im Gott."*
>
> *(Kleist, 1810, Absatz 46)*

3.4 Die Thematik des Leib-Seele-Problems im Kontext mit dem romantischen Verständnis der Psychologie

Das Leib-Seele-Problem, welches sich überwiegend mit der Frage nach dem Verhältnis von Geist und Materie beschäftigt, wurde in der Romantik vor allem von Georg Wilhelm Friedrich Hegel (1770-1831) und Friedrich Wilhelm Joseph Schelling (1775-1854) behandelt. Ein wichtiges Werk Hegels zu dieser Thematik ist beispielsweise die „Phänomenologie des Geistes", während das Leib-Seele-Problem in der Enzyklopädie der philosophischen Wissenschaften genauer beleuchtet wird. Hegel geht allerdings davon aus, dass es sich bei dem Leib-Seele-Problem nur um ein sogenanntes „Scheinproblem" handelt.

---

[51] Vgl. Kleist (1810), Absatz 42-43
[52] Vgl. Reuter (2014), S. 118

Einen eher idealistischen Ansatz lässt sich bei Schellings Naturphilosophie erkennen, welche grundsätzlich aussagt, dass Gott die Natur ist.[53] „Transzendentalpsychologie impliziert bei ihm die Gleichberechtigung der Philosophie des Geistes und der Naturphilosophie."[54] Die Natur versteht er dabei als Vorstellung des subjektiven Bewusstseins. Daraus resultiert schließlich die Identitätstheorie, da er gleichzeitig annahm, dass die Natur auch der Entstehungsort des Bewusstseins ist. Die auf den ersten Blick widersprüchlich scheinende Aussage stützt er auf die Behauptung, dass Objekt und Subjekt, Sein und Bewusstsein in einem „Indifferenzpunkt" zusammenfallen. [55]

---

[53] Vgl. Dresler (2012), S. 253
[54] Dresler (2012), S. 253
[55] Vgl. Dresler (2012), S. 253

Anlagen

Anlage 1: Die sechs Gestaltgesetze der Wahrnehmung

1. Prägnanz: Elemente werden niemals isoliert wahrgenommen. Sie unterscheiden sich stets von ihrem Umfeld. Ähnlichkeit: Elemente, die einander ähnlich sind, werden als zusammengehörig wahrgenommen.

2. Nähe: Elemente, die näher aneinander liegen, werden ebenfalls als zusammengehörig wahrgenommen.

3. Geschlossenheit: Geschlossene Strukturen werden bevorzugt. Fehlende Informationen werden gedanklich ergänzt.

4. Gute Fortsetzung: Linien werden so wahrgenommen, als würden sie dem einfachsten Weg folgen und nicht plötzlich die Richtung wechseln.

5. Gemeinsames Schicksal: Elemente, die sich in dieselbe Richtung bewegen, werden als Einheit wahrgenommen.

(Quelle: Weller, R., Gestaltgesetzte der Wahrnehmung und die Bedeutung für das Content Design, https://www.toushenne.de/newsreader/gestaltgesetze-der-wahrnehmung.html)

Literaturverzeichnis

- Brosseder, J. (1981), Martin Luther (1483-1546). In: Fries, H., Kretschmar, G. (Hrsg.), Klassiker der Theologie I, München, S. 283-313

- Dettloff, W. (1981), Johannes Duns Scotus (1265/1266-1308). In Fries, H., Kretschmar, G. (Hrsg.), Klassiker der Theologie I, München, S. 226-237

- Federn, E.(1999), Sigmund Freud. In: Lück, H., E., Miller, R. (Hrsg.), Illustrierte Geschichte der Psychologie, 2. Auflage, Weinheim, S.141-144

- Gerrig, R. J. (2015), Psychologie, 20. Auflage, Hallbergmoos

- Jacoby, E. (2003), 50 Klassiker Philosophen, 3. Auflage, Hildesheim

- Lück, H. E. (2013), Grundriss der Psychologie, 6. Auflage, Stuttgart

- Lück, H. E. (1999), Kurt Lewin. In: Lück, H., E., Miller, R. (Hrsg.), Illustrierte Geschichte der Psychologie, 2. Auflage, Weinheim, S. 90-95

- Mack, W. (1999), Die Würzburger Schule. In: Lück, H., E., Miller, R. (Hrsg.), Illustrierte Geschichte der Psychologie, 2. Auflage, Weinheim, S. 50-53

- Meischner, W. (1999), Wilhelm Wundt. In: Lück, H., E., Miller, R. (Hrsg.), Illustrierte Geschichte der Psychologie, 2. Auflage, Weinheim, S. 35-40

- Mühlfelder, M. (2017), Einführung in die Psychologie, 1. Auflage, Studienbrief der SRH Fernhochschule, Riedlingen

- Reuter, H. (2014), Geschichte aus der Psychologie, Göttingen

- Schorr, A. (1999), Behaviorismus und Neobehaviorismus. In: Lück, H., E., Miller, R. (Hrsg.), Illustrierte Geschichte der Psychologie, 2. Auflage, Weinheim, S. 113-117

- Schönberger, R. (2002), Thomas von Aquin zur Einführung, 2. Auflage, Hamburg

- Schriefl, A. (2016), Kindler Kompakt Philosophie der Antike

- Sprung, L., Sprung, H. (2010), Eine kurze Geschichte der Psychologie und ihrer Methoden, Wien

- Weischedel, W. (1995), Die philosophische Hintertreppe, 18. Auflage, München

Internetquellen

- Aristoteles, Fotografie eines Gipsabdrucks, https://www.zitate.eu/author/aristoteles, abgerufen am 23.11.2018

- Dresler, S., N., L. (2012), Das Verhältnis von Geist und Materie in Transzendentalismus und Psychologie der (Früh-)Romantik. In: Helikon. A Multidisciplinary Online Journal, S. 284-259, http://helikon-online.de/2012/Dresler_Romantik.pdf, abgerufen am 22.11.2018

- Heinrich von Kleist, Reproduktion einer Illustration, https://de.wikipedia.org/wiki/Heinrich_von_Kleist, abgerufen am 23.11.2018

- Kleist, H. v. (1810), Über das Marionettentheater, http://gutenberg.spiegel.de/buch/uber-das-marionettentheater-593/1, abgerufen am 22.11.2018

- Messinstrumente des ersten psychologischen Labors in Leipzig, Fotografie, http://vlp.mpiwg-berlin.mpg.de/sites/data?id=sit54, abgerufen am 23.11.2018

- Müsse, H., G., Platons Seelenlehre, Absatz 1, http://platon-heute.de/seelenlehre.html, abgerufen am 17.10.2018

- Sigmund Freud, Fotografie, https://de.wikipedia.org/wiki/Sigmund_Freud, abgerufen am 23.11.2018

- Weller, R., Gestaltgesetzte der Wahrnehmung und die Bedeutung für das Content Design, https://www.toushenne.de/newsreader/gestaltgesetze-der-wahrnehmung.html, abgerufen am 18.12.2018